Cosas del amor

Lourdes Miquel

Colección **Hacerse mayor**

Cosas del amor

Lourdes Miquel

Coordinación editorial y redacción: Pablo Garrido
Diseño de cubierta: Difusión
Maquetación: Difusión
Ilustraciones: Sven Palmowski, Barcelona

ISBN: 978-84-16057-31-3
Depósito legal: B 6072-2014
Reimpresión: septiembre 2020
Impreso en la UE

MIXTO
Papel procedente de
fuentes responsables
FSC® C117853
www.fsc.org

difusión

C/ Trafalgar, 10, entlo. 1ª
08010 Barcelona
Tel. (+34) 93 268 03 00
Fax (+34) 93 310 33 40
editorial@difusion.com

www.difusion.com

Índice

Índice

Capítulo 1

Manu

–¿Por qué? ¿Por quééé?

–¿Por qué, qué, Manu? –pregunta Carlos.

–¿Por qué soy bajo? ¡Taaan[1] bajo!

–Tú no eres bajo, tío[2].

–¡¡¡Uno sesenta!!! ¡¡¡Solo uno sesenta!!!

–Tío, y yo, uno sesenta y ocho. No es mucho más.

–Ocho centímetros, tío. ¡Ocho! Mi hermano Jaime también es muy alto…

–Pero tu hermano Jaime tiene diecisiete años…

–Y el hijo de la novia de mi padre, Andrés, también es muy alto.

–Pasa[3], tío.

Manu y Carlos son amigos. Van al mismo instituto en el centro de Madrid y siempre hablan de sus cosas.

–¿Vienes a casa y jugamos a la Play?

–Vale[4] –dice Carlos.

Manu vive en un piso en Argüelles, un barrio de Madrid bastante céntrico. Vive con su madre y sus dos hermanos: Jaime, el mayor, y Cristina, la pequeña, que tiene catorce años. Manu tiene quince.

–Hola, ¿hay alguien en casa? –pregunta Manu cuando abre la puerta.

–Hola, Manu. Solo estoy yo.

Cristina sale de su habitación. Y ve a Carlos. Carlos va mucho a casa de Manu para estudiar y también para ver a Cristina.

–Ah, hola, Carlos. ¿Vienes a estudiar?

---

1 **tan** aquí significa "muy" 2 **tío/tía** se usa entre amigos jóvenes 3 **pasa** en este contexto, no dar importancia a algo 4 **vale** OK

–Bueno, primero queremos jugar un rato a la Play y, luego, hacer los deberes.

–Deberes. Grrr –dice Cristina.

–¿Quieres un bocadillo, Carlos? –le pregunta Manu.

–Guay[1]. ¿Tienes una Coca?

–Sí. Toma.

–Yo también quiero una –dice Cristina.

Carlos mira a Cristina cuando bebe. Es guapa, muy guapa. Le gusta. Cada día más.

Llaman a la puerta.

–Seguro que es Olga –dice Cristina.

Olga es la mejor amiga de Cristina. Algunas veces duerme en su casa durante la semana porque vive lejos de Madrid.

A Manu le gusta mucho Olga. Está enamorado[2] de ella, pero no lo sabe nadie. Olga es su amor secreto.

Manu piensa: «¡Viene Olga! ¡Viene Olga! Y yo con esta camiseta tan fea y estos vaqueros tan viejos… ¡Nooo!».

–Voy un momento al baño –dice Manu.

Cristina va a abrirle la puerta a Olga. Y Manu se va al baño de su habitación.

En el baño Manu se ducha rápidamente. En tres minutos se peina, se pone colonia[3] y, luego, se pone su camiseta preferida y unos vaqueros casi nuevos.

Cuando sale, Cristina dice:

–¡Cuánta colonia, Manu! Pfff. Je, je.

Manu es muy tímido. «Me estoy poniendo rojo. Muy rojo. ¡Qué vergüenza[4]!», piensa.

–Mmmm, me gusta mucho esa colonia, Manu –le dice Olga.

---

1 **guay** fantástico, perfecto (entre jóvenes) 2 **estar enamorado/a** sentir amor 3 **colonia** perfume 4 **vergüenza** las personas tímidas sienten vergüenza en algunas situaciones

Manu está callado[1]. No sabe qué decir. «¿Qué puedo decir? –piensa–. ¿Qué puedo decir para parecer simpático?». Al final dice:

–Carlos, ¿vamos a jugar a la Play?

Cuando Carlos y Manu cierran la puerta, Cristina y Olga se miran. Son chicas y saben que a Manu le gusta Olga. Mucho. También saben que a Olga le gusta mucho Jaime: es su amor imposible porque a Jaime le gustan las chicas más mayores y ella solo tiene catorce años.

A las siete y media de la tarde llega su madre a casa. Es enfermera en un hospital.

–Hola, ¿hay alguien? –pregunta desde la puerta.

–Hola, mamá. Mira, está Olga.

–Hola, Olga. ¿Qué tal? Estás muy guapa. ¿Todo bien?

–Sí, sí, muy bien, gracias.

–¿Y Manu?

–Está en su habitación con Carlos.

En ese momento Manu sale para saludar a su madre.

–Hola, mami.

Manu le da un beso.

–¿Estudiando o jugando a la Play? –le pregunta la madre.

–Las dos cosas.

–Bueno, bueno… ¿Tienes Matemáticas mañana?

–No, mañana no.

–Mamá, –le pregunta Cristina a su madre– ¿se puede quedar Olga a cenar y a dormir? Es que tenemos que estudiar para un examen…

–Sí, claro.

«¿Olga se queda a dormir otra vez? ¡¡¡Qué bien!!!», piensa Manu.

---

1 **callado/a** cuando una persona no habla

Manu siempre se pone nervioso[1] con Olga. Y cuando se queda a dormir en su casa, se pone mucho más nervioso.

A las ocho llega Jaime y Carlos se va a su casa. Y a las nueve y media de la noche cenan los cinco: Jaime, Manu, Cristina, Olga y Pepa, la madre.

–¿Te gustan los espaguetis, Olga? –pregunta Pepa.

–Muchísimo. Están muy buenos.

Después de cenar, Jaime y Manu van a su habitación. Y Jaime le dice a Manu:

–Olga te gusta, ¿verdad? Sí, sí, te gusta, te gusta mucho.

–¿Olga? ¡Nooo! ¡No es verdad! –dice Manu muy rojo otra vez.

–Está claro que te gusta… Estás enamorado de ella, ¿no?

–Grrr. ¿Quieres callarte? Yo ahora quiero estudiar, ¿vale? –dice Manu.

–Y creo que ella está un poco enamorada de ti también –dice Jaime.

–¿Quieres callarte, por favor?

–Vale, vale, microbio[2].

–¿Por qué me llamas siempre microbio? –Manu está muy enfadado[3].

–Bueno, bueno, tranquilo… Solo es una broma[4].

–No me gustan esas bromas.

A las once y media de la noche Manu está en la cama. Antes de dormirse, piensa: «Olga está al lado, en la habitación de al lado… Tan guapa, tan simpática, con esos ojos tan grandes…».

Y también piensa: «No quiero encontrarme a Olga por la mañana, cuando voy sin peinar y en pijama… Nooo, por favor».

1 **nervioso/a** así está una persona antes de un examen, por ejemplo   2 **microbio** ser vivo muy pequeño, microscópico   3 **estar enfadado/a** estado de ánimo cuando algo nos molesta   4 **broma** algo que no es serio, que se hace para reír

Capítulo 2

En el instituto

Es martes y hay clase de Matemáticas.

–Vamos a corregir los deberes del viernes –dice el profesor.

–¿Deberes? ¿Qué deberes? –le pregunta Carlos a Manu.

–Ni idea[1], tío.

–Página 84, ejercicio 5 –dice el profesor.

–Socorro[2]. No lo tengo hecho.

–Yo tampoco.

–A ver… ¿Quién tiene la solución[3]? Por ejemplo… ¡Carlos!

–Es que… Es que…

–Carlos, no quiero explicaciones, solo quiero la solución… ¿Sabes la respuesta?

–No. Lo siento, pero no.

–¿Y tú, Manu?

Manu está muy nervioso.

–Más o menos…

–Más o menos no. Quiero la solución exacta, Manu. Esto es un problema de Matemáticas. ¿Sabes la solución?

–No. Lo siento mucho.

–Siempre igual vosotros dos. Tenéis que estudiar. Estudiar de verdad. Y tenéis que hacer los deberes. Los deberes son para hacerlos en casa. Y tenéis que hacerlos. Es obligatorio[4], ¿de acuerdo? A ver, Ibrahim, ¿sabes la solución?

–Sí, 45, 79.

–Muy bien, Ibrahim.

1 **ni idea** no lo sé   2 **socorro** expresión para pedir ayuda urgente   3 **solución** el resultado de un problema matemático   4 **obligatorio/a** cuando tienes que hacer algo y no tienes otra opción

Ibrahim es un buen estudiante, inteligente y trabajador. Y muy bueno en Matemáticas.

Cuando termina la clase, el profesor, muy enfadado, llama a Carlos y a Manu.

–Nunca hacéis los deberes. Nunca. Quiero hablar con vuestros padres el viernes. El viernes a las cinco y media.

Manu y Carlos están nerviosos. Sus padres tienen que hablar con el profesor de Mates. ¡Qué miedo[1]!

Por la noche, cuando todos están cenando, Manu le dice a su madre:

–Mamá, el profe de Mates quiere hablar con vosotros.

–¿Con nosotros? ¿Por qué?

–Es que a veces no hago los deberes.

–¿Cómo? ¿Que no haces los deberes? Manu, por favor… ¡Esto no puede ser! Ahora llamo a tu padre. ¿Qué día tenemos que ir?

–El viernes. El viernes por la tarde, a las cinco y media.

Después de cenar, Pepa llama a su ex marido.

–Hola, Fernando. Otra vez tenemos problemas con Manu y las Matemáticas. Tenemos una reunión con el profesor el viernes…

Manu se va a su habitación a escuchar música con su iPod. No quiere escuchar a sus padres.

Diez minutos después su madre entra en la habitación:

–Manu, no puedes salir este fin de semana…

–Pero, mamá, hay una fiesta…

–Lo siento, Manu. Nada de fiestas si no estudias.

–Pero es que este fin de semana…

–Papá y yo pensamos que no puedes salir este fin de semana. Y el otro tampoco.

1 **miedo** reacción que tenemos cuando, por ejemplo, vemos películas de terror

–Por favor, mami…

–Basta[1]. Y ahora a estudiar. ¿Qué tienes mañana?

–Inglés, Física, Literatura y Lengua.

–¿Y tienes deberes?

–Solo de Inglés y de Lengua.

–A ver… ¿qué tienes que hacer?

–Mira, esto, esto y esto…

–¿Y nada más?

–Ah, sí. Estas dos páginas de lectura en inglés…

–Vale, a las diez y media vengo a ver qué has hecho.

–Pero, mamá…

–Lo siento, Manu, pero tu trabajo es estudiar y tienes que estudiar.

Cuando la madre se va, su hermano Jaime le dice a Manu:

–El microbio tiene problemas, ¿eh?

–¿Quieres callarte?

–Vale, me callo. Pero entonces no te digo una cosa…

–¿Qué? –le pregunta Manu.

–Una cosa muy importante…

–¿Muy importante? ¿Qué?

–Una cosa de una chica.

–¿De una chica? ¿De quién?

–¿Sabes que mi amigo Rafa tiene una hermana?

–Sí, una morena, bastante guapa…

–¿Bastante? ¡Muy guapa! Se llama Marina.

–¿Y qué?

–Está enamorada de ti.

–¿Quééé? ¡Estás loco[2], tío!

–No, no. En serio, Manu. Está enamorada de ti.

–Pero si no la conozco… –dice Manu muy rojo.

---

1 **basta** significa que es suficiente   2 **loco/a** alguien con problemas mentales que dice o hace cosas poco normales

–Pero ella te conoce a ti. Dice que siempre que jugáis a fútbol va a verte.

–¿Quééé?

–En serio, Manu, de verdad. Ella también juega a fútbol y te ve muchos días... Y le gustas mucho. Bueno, eso dice ella.

–Estás loco, tío.

–Hablo en serio, Manu.

–Estáis locos tú y tu amigo Rafa. ¡Locos! Y ahora quiero estudiar un rato.

Pero Manu no puede estudiar:

«Una chica está enamorada de mí, ¡de mí! Una chica muy, muy guapa. ¡Bien! ¡Bien! ¡Bien! ¿O es una broma? Una broma del simpático de mi hermano mayor... Sí, seguro que es una broma... Yo no les gusto a las chicas. No, no les gusto... A mí me gusta Olga pero a Olga le gusta Jaime. Y también me gustan otras chicas pero no me miran porque soy bajo y tímido... Una broma. Seguro que es una broma...».

Manu no estudia. No estudia nada.

«Pero, ¿y si es verdad? ¿Y si le gusto a esa chica guapa, morena, de ojos azules, simpática y... alta? ¡Socorro! ¡Es demasiado alta para mí!», piensa Manu.

A las diez y media en punto la madre de Manu llama a la puerta de su habitación:

–¿Estás preparado, Manu? ¿Miramos los deberes?

Manu no está preparado, nada preparado.

Capítulo 3

Fin de semana

Muchos fines de semana Manu y sus hermanos están en casa de su padre.

Su padre vive con Nancy, una mujer boliviana, que tiene dos hijos: Andrés y Ángela. Jaime se entiende muy bien con Andrés porque tienen la misma edad. Y Cristina y Manu se entienden muy bien[1] con Ángela, que tiene 14 años.

El viernes por la tarde, después de hablar con el profesor de Matemáticas, su padre le dice a Manu:

–Manu, antes de cenar, quiero hablar contigo. ¿Vienes a la sala?

El padre de Manu, Fernando, un hombre muy simpático y amable, hoy está muy serio y enfadado.

–¿Qué pasa con los deberes de Mates? ¿Por qué no los haces? Tu profesor está bastante enfadado y yo también, Manu.

Manu no dice nada.

El padre le pregunta:

–¿Haces los deberes todos los días?

–Bueno, solo algunos días.

–¿Y por qué?

–Porque son un rollo[2].

–Hay muchas cosas que son un rollo pero hay que hacerlas, Manu. Tu obligación es estudiar. Y eso también significa hacer los deberes.

–Sí, ya, pero es que…

–No quiero explicaciones, Manu. Vives muy bien: tienes ordenador, iPod, Play, ropa… Todo… Y tú solo

---

1 **entenderse bien** tener una buena relación   2 **rollo** algo aburrido

tienes que estudiar. Pero no estudias. Mamá y yo creemos que este fin de semana y el próximo solo tienes que estudiar. Estudiar Mates y también Inglés. En casa. Sin salir.

–Jo[1], papá, pero este fin de semana hay una fiesta…

–Lo siento, Manu. Este fin de semana te quedas en casa estudiando y el próximo también. Ah, y Andrés va a ser tu profesor particular[2] de Matemáticas hasta final de curso.

Andrés, el hijo mayor de la novia de su padre, es muy bueno en Matemáticas. Pero a Manu no le gusta mucho Andrés. Piensa que es bastante antipático y demasiado serio.

–¿Con Andrééés? Papá, yo puedo estudiar solo, de verdad. Para mí es mejor…

–Nada. Necesitas ayuda, Manu. Y Andrés sabe muchas Matemáticas y te puede ayudar.

Manu no dice nada.

–Ah, y otra cosa: Rafa te va a dar clases de Inglés una tarde a la semana.

–¿Rafa? ¿Rafa el amigo de Jaime?

–Sí, sí, Rafa.

–Pero, ¿por qué Rafa?

–Porque su madre es irlandesa y él habla inglés perfectamente

–Sí, sí, lo sé…

–Seguro que aprendes mucho.

Manu está muy nervioso y muy preocupado. Rafa es el amigo de Jaime, pero también es el hermano de Marina, la chica que está enamorada de él. «No, no, Rafa no, por favor. ¡Rafa nooo!», piensa Manu.

–Sí, da clases a muchos chicos del barrio.

1 **jo** se usa, con los amigos o con la familia, cuando algo nos parece injusto o para protestar
2 **profesor/a particular** profesor que da clases extra

Manu se siente muy, muy mal. Después de cenar va al dormitorio de Andrés. Los fines de semana duermen allí los tres: Andrés, Jaime y él.

Andrés y Jaime escuchan la música muy alta y hablan y hablan de chicas: chicas altas, bajas, morenas, rubias… Siempre hablan de chicas.

Manu no puede dormir: piensa en Andrés como profesor de Matemáticas, en Rafa como profesor de Inglés y en Marina, con sus ojos azules como el mar, demasiado alta para él.

Este sábado Manu tiene su primera clase con Andrés. Manu termina bastante contento porque Andrés explica bastante bien y Manu entiende las explicaciones.

Al final de la clase Andrés le dice:

–Esta semana tienes que estudiar todas estas páginas, microbio.

–¡¡¡No me llamo microbio!!! ¿Me oyes? ¡¡¡No me llamo microbio!!! –Y piensa: «Jaime es imbécil[1]. Y Andrés también».

Por la tarde Cristina y Ángela van a una fiesta en casa de una amiga de Ángela.

–¿Qué me pongo, Cristina? ¿Esto o esto?

–No sé, a ver… Esa camiseta es muy mona[2], Ángela.

–¿Tú crees? ¿Y esto?

–También está bien.

Treinta minutos después Ángela se pone un vestido muy corto y Cristina unos pantalones y una camiseta muy moderna.

–¿Qué, Manu? ¿Estamos guapas?

–Muuuy guapas –les dice.

–¿Por qué no vienes con nosotras a la fiesta, Manu? –le pregunta Ángela.

---

1 **imbécil** insulto que se usa cuando alguien no nos gusta nada y hace cosas que no nos gustan   2 **ser mono/a** expresión para decir que alguien es atractivo o algo es bonito

–No puedo. No me dejan salir.

–Pobrecito[1], ¿por qué?

–Problemas en el instituto.

–Jo.

–En el instituto y con mis padres.

–Jo, Manu. Lo siento. La fiesta de hoy es guay.

–Buf, quedarme aquí es un rollo… –dice Manu muy, muy triste[2].

–Nos vemos mañana.

Jaime y Andrés también se van de fiesta. Y Manu se queda solo en casa con su padre y Nancy.

–¿Te hago una comida boliviana, Manu?

–No, gracias, Nancy. Hoy no.

–Pues podemos pedir una pizza y ver una película…, ¿sí?

–Bueno, vale.

Comer una pizza y ver una película con su padre y la novia de su padre nunca es muy divertido.

Manu piensa en Cristina y Ángela en la fiesta. También piensa en su amigo Carlos que no tiene clases de Matemáticas los sábados. Y piensa en Rafa, su nuevo profe de Inglés, y en su hermana, Marina, que habla inglés perfectamente y está enamorada de él. De él.

«Tengo que estudiar inglés. Rafa tiene que pensar que sé mucho inglés. Y, sobre todo, su hermana Marina tiene que pensar que sé mucho inglés. Esta noche estudio los verbos con preposición. Sí, eso los verbos con preposición. ¡Uf!».

Cuando termina la película, Manu les dice buenas noches a su padre y a Nancy:

–Muy buena la pizza, Nancy. Y la peli también. Me gustan mucho las pelis de miedo.

–Buenas noches, Manu.

1 **pobrecito/a** se usa para referirse a alguien que no está bien o está triste   2 **estar triste** así nos sentimos cuando no estamos alegres

–Hasta mañana, hijo. Duerme bien.

El domingo por la mañana Cristina y Ángela desayunan con él.

–¡Qué fiesta, Manu! Genial[1].

–Sí, genial.

–Grrr, no quiero hablar de la fiesta, por favor.

–Solo una cosa. Marina, la hermana de Rafa…

–Sííí –dice Manu, nervioso. Últimamente todo el mundo habla de Marina.

–Quiere verte un día.

–¿En serio? –dice Manu más nervioso.

–Sí, muy en serio.

Manu tiene mucha vergüenza y se pone muy, muy rojo. Cristina y Ángela lo ven, se miran y se ríen…

–Ah –le dice Cristina– y tiene tu número de móvil…

–¿Mi móvil?

1 **genial** excelente

–Sí. Y va a llamarte.

–¿Llamaaarme? ¿Llamaaarme a mí?

Manu no sabe qué decir ni qué hacer.

Se va a la habitación y piensa: «Socorro, socorro, socorro... ¿Qué se hace cuando una chica está enamorada de ti? ¿Qué se hace? Seguro que Jaime y Andrés lo saben. Pero no, no quiero hablar de eso con ellos. ¡No! ¡Con esos imbéciles, no!».

Manu tiene problemas para dormir. En su cabeza solo están sus problemas. Sus problemas y Marina.

El lunes, en el instituto, le explica la historia a Carlos:

–Tío, qué guay. Una chica enamorada de ti así, sin hacer nada. ¡Qué fácil! Es increíble.

–Sí, increíble, ¿pero qué hago?

–No sé, salir con ella, ¿no?

–Sí, pero ¿dónde?

–No sé... podéis ir al cine, ir a un bar, ir a una fiesta juntos, ir en bici...

–Uf, no sé, no sé, estoy muy nervioso...

–Y también puedes hablar con tu hermana y con Ángela... Seguro que ellas saben qué hacer...

–No sé, no me gusta hablar de estas cosas... Tengo vergüenza...

–O podemos salir todos juntos: tu hermana y yo y vosotros dos y Ángela...

–No sé, no sé... Yo soy muy tímido, Carlos.

–Ya, ya...

–Y no sé qué hacer. Voy a esperar. Sí, eso es. Voy a esperar. Yo tranquilo. Voy a a esperar tranquilamente y a estudiar inglés, mucho inglés.

Manu piensa un segundo y le pregunta a Carlos:

–¿Tú sabes cómo es el *past tense* de *to panic*?

Capítulo 4

Miedo

Manu mira el móvil todo el tiempo: cuando se levanta, cuando desayuna, por la calle, en el bus, antes de entrar en el instituto, en el recreo[1], en las clases… Sí, también en las clases cuando no lo ven los profesores. Quiere recibir una llamada o un mensaje de Marina, pero también tiene mucho miedo.

Y Marina no dice nada.

Por la tarde, cuando llega a casa va directo a su dormitorio. Todo está desordenado, como siempre. «Jaime es un imbécil. ¿Por qué no ordena sus cosas?» –piensa Manu. Y lo ordena y ordena todo porque hoy tiene clase de inglés con Rafa.

Luego va a merendar. En la cocina está Cristina con Olga. «Guauuu, qué guapa es Olga, qué guapa… Esta chica me gusta. Mucho».

Manu está nervioso otra vez.

–¿Qué tal, Manu?

–Bien, ¿y tú?

–Aquí estudiando con tu hermana.

–¿Te quedas a dormir esta noche? –le pregunta Manu. Y piensa: «Sí, por favor, síí».

–Sí –le dice Olga.

Manu está muy contento: «Otra noche con Olga en la habitación de al lado. ¡Bien!». Y dice sin pensar:

–Guay.

Y, enseguida, se pone muy, muy rojo. Y piensa: «Ahora Olga sabe que me gusta. ¡Qué vergüenza!».

Cuando Manu se va, Olga le dice a Cristina:

1 **recreo** descanso entre clases para descansar o jugar

–Manu es tan mono. Taaan, taaan mono. Y es tan tímido… Me gusta. Me gusta mucho.

–¿Pero a ti no te gusta Jaime?

–Claro. Jaime es un hombre: alto, moreno, guapo… Jaime me gusta para salir, para un rollete[1]… Pero Manu es mono: dulce, tímido…

–Tía, a ti te gustan todos los hombres… Je, je.

–No es verdad. Solo los de tu familia.

–Y todavía no conoces a Andrés… Je, je.

A las siete de la tarde llega Rafa:

–*Hi. How are you today?* –le dice a Manu.

Manu está muy asustado[2] y le dice a Rafa:

–Una cosa: ¿piensas hablar todo el tiempo en inglés?

–*Yes, of course.*

–Imposible, Rafa. Hablar inglés me da vergüenza.

–Bueno, pues podemos ir poco a poco. Cada día hablamos media hora, ¿vale?

–Vale.

–Y, en la otra media hora, leemos y escuchamos cosas en inglés…

–*OK, teacher* –dice Manu.

–Je, je. *Are you ready?*

Después de la clase con Rafa, Manu mira su móvil. Tiene muchos mensajes pero ninguno es de Marina. Por la noche, en la cama, piensa en ella y en Olga. «¿Me gusta más Olga o Marina? ¿Olga es más guapa? No sé… ¿Quién es más sexy: Olga o Marina? Ay, no sé… ¡Las dos! Pero Marina… Marina tiene los ojos muy bonitos y tiene el pelo precioso[3]… Pero es muy alta. Demasiado. Olga es más baja, sí, pero a ella le gusta Jaime… Buf… El amor es muy complicado».

---

1 **tener un rollete** una relación amorosa corta, divertida, no muy seria 2 **estar asustado/a** estamos así cuando tenemos miedo 3 **precioso/a** muy, muy bonito

Manu piensa en sus dos chicas. Jaime también está en el dormitorio y habla con una de sus amigas y luego habla de ella con un amigo.

El jueves Manu va al gimnasio del barrio para jugar un partido de fútbol[1]. Está nervioso. «Tengo que ganar, tengo que ganar[2]. Si Marina está, tengo que ganar». Carlos e Ibrahim también juegan en el equipo[3] del barrio, el Argüelles. Hoy juegan contra el equipo de otro barrio: el Malasaña, un equipo muy bueno.

Carlos pasa la pelota[4] a Ibrahim, Ibrahim a Rubén, Rubén a Carlos…

–¡Pásame la pelota, Carlos! –dice Manu.

Manu tira y ¡gol! El primer gol para su equipo. Mira al público pero no puede ver si está Marina.

Unos minutos después, Ibrahim coge la pelota, se la pasa a Carlos, Carlos a Manu, Manu tira y ¡gol! El segundo.

En el último minuto de la segunda parte Carlos pasa la pelota a Ibrahim y éste marca el tercer gol.

Termina el partido. Los compañeros de Manu están muy contentos. Argüelles 3 - Malasaña 0. Genial.

Luego se duchan y se visten. Manu mira el móvil. Hay varios mensajes. De Andrés, para recordarle la clase de Mates del sábado, de su madre para comprar pan antes de ir a casa, de Cristina para pedirle el teléfono de un amigo y tres de Marina. Tres. Como los goles.

El primero:

«Hola, Manu. Soy Marina, la hermana de Rafa. Juegas a fútbol hoy, ¿verdad? Espero verte.»

El segundo:

«¡Qué goles tan buenos! Eres un crack[5]. Como Messi.»

Manu ya está rojo otra vez. Rojo como un tomate.

1 **partido de fútbol** noventa minutos de juego 2 **ganar** ser el primero 3 **equipo de fútbol** grupo de once jugadores 4 **pelota** objeto para jugar al fútbol y a otros deportes 5 **ser un/a crack** los jóvenes utilizan esta expresión para decir que alguien es muy bueno en algo

Y el tercero:

«¿Nos vemos a la salida?»

«Colonia, necesito colonia», piensa Manu. Siempre necesita colonia cuando le gusta una chica.

–Carlos, ¿tienes colonia?

–No, tío. ¿Para qué quieres colonia?

–Ibrahim, ¿tienes colonia?

–No, aquí no. Pero tengo gel de baño.

–A ver… Sí, perfecto. Gracias.

Manu se ducha otra vez, con mucho gel. Luego se viste. «Horror[1], no me gusta nada esta camiseta. ¿Por qué? ¿Por qué Marina quiere verme hoy? Hoy que no llevo ropa guay. Ni ropa ni colonia».

–Carlos, ¿soy más alto?

–No sé, tío.

–A ver…

Manu va a una sala del gimnasio:

–¡Uno sesenta y uno, tío! ¡Uno sesenta y uno!

–Guay, Manu. ¡Un centímetro más!

–Sí, sí, pero uno, ¡solo uno! Tengo que ser más alto, tengo que ser más alto… ¡Ahora!

–Difícil, tío.

–Lo sé.

Manu sale del gimnasio muy nervioso. Marina quiere verlo y él no lleva su mejor ropa ni lleva colonia ni está preparado para hablar con una chica un poco enamorada de él…

Pero Marina no está. Manu mira en todas partes, dentro del gimnasio, fuera, en la esquina, pero no está. Muy enfadado piensa: «Todo esto es una broma. Seguro. Una broma del imbécil de Jaime y del imbécil de Andrés. Grrr».

Carlos ve que Manu está nervioso:

1 **horror** sentimiento causado por algo terrible

–¿Qué te pasa, Manu?

–Grrr.

–¿No estás contento? ¡¡¡Dos goles, tío, tú solo!!!

–Sí, ¿y qué? –dice Manu muy serio.

–Uf, nada, nada, tío. Nos vemos mañana. Chao.

–Chao.

Manu vuelve a casa triste y enfadado. No le gustan estas bromas.

Cuando entra en casa, va directo a su dormitorio y allí está Jaime.

–Eres imbécil, Jaime –le dice Manu–. Imbécil. Y no me gustan nada tus bromas… ¿Me oyes? Nada.

–Pero, tío, ¿qué te pasa ahora?

–No quiero más bromas con la hermana de Rafa ni con ninguna chica, ¿vale?

–Pero ¿qué bromas?

En ese momento suena el móvil de Manu. Es un mensaje. Un mensaje de Marina.

«Perdona, Manu. Problemas con mi equipo de fútbol. Salgo ahora. ¿Nos vemos el sábado.»

«¡Mierda[1]! ¡Y el sábado yo no puedo salir! Mierda, mierda, mierda. ¿Qué hago ahora hago?», piensa.

Al final Manu escribe:

«Marina, este sábado no puedo salir. Problemas con mis padres.»

Y Marina contesta:

«Jo, lo siento. Otro día.»

«¿Otro día? –piensa Manu-. ¿Otrooo día? ¿Pero quééé día? Soy tonto. Tonto, tonto, tonto… ¿Cuándo voy a verla? ¿Cuááándo?».

---

1 **mierda** palabra muy poco educada que se usa, solo con amigos o cuando estamos solos, cuando algo no funciona bien o no nos gusta nada

Capítulo 5

Exámenes y problemas

Semana de exámenes. Manu tiene que estudiar mucho. Todos los días de esta semana tiene un examen. Pero estudia poco porque todo el tiempo piensa en Marina:

«¿La llamo o no la llamo? ¿Le mando un mensaje o no? ¿Voy a verla jugar a fútbol o no voy? ¿Qué hago?».

Manu no sabe qué hacer.

El miércoles, después del examen de Matemáticas, Manu, Ibrahim y Carlos van a casa de Carlos para preparar el examen del jueves.

–¿Qué tal el examen? –les pregunta Carlos.

–Bastante bien, la verdad –dice Manu–.

–A mí muy bien –dice Ibrahim–. La primera pregunta un poco difícil, pero bien…

–Eres un crack, Ibra.

Paran un momento en un supermercado para comprar patatas fritas y coca-colas.

En el otro lado de la calle está Marina con una amiga:

–Mira, ése es Manu. El chico que me gusta.

–¿El que lleva una sudadera[1] roja?

–No, el moreno, el que lleva una sudadera azul…

–Es bastante bajo, ¿no?

–Es que a mí no me gustan los chicos altos –le explica Marina.

–¿En serio?

–Me gustan los futbolistas. Y los futbolistas no son altos…

---

1 **sudadera** jersey o chaqueta deportivos (con o sin capucha)

–Pues a mí me gustan los chicos altos, muuuy altos… Por eso me gustan los jugadores de baloncesto, je je…

–¿Pero no ves qué guapo es Manu? –dice Marina.

–Sí, no está mal…

–Vamos a decirle hola…

Marina y su amiga cruzan[1] la calle. Manu está comiendo patatas y hablando con Ibrahim y Carlos. No las ve.

–Hola, Manu, ¿qué tal? –le dice Marina.

–Ah, hola –le dice Manu, nervioso y muy rojo otra vez. «Dios mío –piensa– llevo una sudadera horrible y los pantalones también… ¡Y no llevo colonia!».

–¿Qué haces aquí? –le pregunta Marina.

–Mira, hablando y tomando algo… ¿Y tú?

–Voy con esta amiga al gimnasio… ¿Vienes?

–No, no, es que no puedo. Tengo que estudiar. Mañana tenemos un examen.

–Bueno, otro día –le dice Marina.

–Guay… –le dice Manu. Pero piensa: «¡¡¡Nooo, otro día nooo!!! ¿Por qué nunca quedamos un día exacto? ¿El jueves o el viernes o el sábado o el domingo? ¡Un día! ¿El 7, el 21 o el 30? ¿Por quééé?».

 Cuando se van Carlos le pregunta:

–Oye, ¿ésa es la hermana de Rafa?

–Sí.

–Guaaauuu[2].

–Guau, ¿qué? –pregunta Manu.

–Es súper[3] guapa, tío.

–Sí, sí, muy guapa –dice también Ibrahim.

–¿Y está enamorada de ti? –le pregunta Carlos.

–¿Está enamorada de ti? –le pregunta Ibrahim.

–Ay, no sé…

---

1 **cruzar** ir de un lado de la calle al otro lado   2 **guau** se usa para expresar que algo te gusta mucho   3 **súper** manera coloquial de decir "muy"

   –Oye, y la amiga tampoco está mal, nada mal.
¿Cómo se llama? –dice Carlos.

   –No lo sé. No la conozco.

   –¿Por qué no hacemos algo todos un día? –pregunta
Carlos.

   –Sí, eso. Un día salimos todos –dice Ibrahim.

   –No sé, no sé… –contesta Manu.

   –Oye, ¿no tienes el teléfono de la amiga de Marina?

   –No, Ibra, no la conozco, en serio…

   –Vale, vale. Es que es súper sexy…

   Después, en casa de Carlos, Manu no puede
estudiar. Sólo piensa en Marina y en él. «¿Por qué
soy tan tímido? ¿Por qué no soy como Jaime o como
Andrés? Soy bajo y tímido. Socorro».

Carlos le pregunta algo de Biología y Manu le contesta:

– ¿Llamo a Marina o no?

–Manu, ¿estás bien?

–Sí, sí, perdona…

–Tío, tú estás enamorado…

–¿Enamorado yo?

–Sí, enamorado, colgado[1].

–¡No, no, de verdad que no!

–Yo hablo de Biología y tú de Marina…

–Bueno, Marina, mar… ¡Biología!

–Je, je. Muy gracioso. Mar, Biología, mar, Geografía… Mar…

–Inglés.

–Estás loco, Manu.

Tres horas después, antes de cenar con su madre y sus hermanos, Manu decide enviar un mensaje a Marina:

«¿Cuándo juegas a fútbol esta semana?»

Después Manu piensa: «Qué poco romántico… A las chicas les gustan los chicos sensibles, románticos, dulces… Y yo hablo de fútbol… ¡Qué horror!».

Media hora después Marina contesta:

«El sábado por la mañana. ¿Por qué?»

«¡Mierda! –piensa Manu.– Otra vez el sábado… Y yo no puedo. Mierda, mierda, mierda».

Y escribe, con miedo, con mucho miedo:

«Para verte.»

Marina no contesta. A las once y media de la noche Manu se va a dormir, triste, nervioso, preocupado… Apaga el móvil. No ve un mensaje de Marina.

«¡Qué bien! ¿Cuándo?»

---

1 **estar colgado/a** estar muy, muy enamorado

Capítulo 6

Un sábado horrible

Manu está deprimido[1]: otro sábado sin salir con sus amigos, sin fiestas, sin conciertos... Otro sábado estudiando en casa.

Por la mañana, va a casa de su padre y Andrés le da una nueva clase de Matemáticas.

Cuando termina la clase, Andrés le pregunta:

–¿Está todo claro, Manu?

–Sí, tío. Muy claro. Pero las Mates no me gustan nada...

–¿Y qué te gusta a ti?

–Las chicas.

–Ja, ja. Muy gracioso, Manu. Y, del instituto, ¿qué asignaturas[2] te gustan?

–Las chicas.

–Ja, ja. Te estás volviendo un hombre...

Por la tarde, Manu intenta convencer[3] a su madre:

–Mamá, ¿seguro que no puedo salir hoy un rato?

–No, Manu, no puedes. Ya lo sabes. Tienes que estudiar...

–Pero, mami, sólo, dos o tres horas... De seis a diez, por ejemplo...

–Creo que eso son cuatro horas, Manu...

–Bueno, pues tres... De seis a nueve... Por favor, mami...

–No, Manu. Este fin de semana, no.

Manu está triste. Sus hermanos están con sus amigos: en la calle o en el cine o en casa de alguien...

---

1 **estar deprimido/a** estar muy, muy triste 2 **asignatura** materia que se estudia en el instituto o en la universidad 3 **convencer** hacer cambiar de idea a alguien

Y él está solo en casa, aburrido. Aburrido y triste. Y, además, no sabe dónde está Marina.

A las siete de la tarde su madre entra en el dormitorio:

–Manu, ¿puedes ir un momento al supermercado?

–Jo, mami, qué rollo.

–Es que necesito dos o tres cosas para la cena… Así sales un poco, ¿no?

–¿Salir para ir al súper? Jo, mami.

–No, para ayudar a tu madre…

–Bueeeno. Vaaale.

Manu va al supermercado.

–Hola, Manu. ¿Qué haces aquí?

Es Olga.

Manu está nervioso, Manu está rojo, Manu está como un tomate:

–¡Olga! ¿Y tú? ¿No estás con Cristina?

–Ahora voy a verla. Está en casa de una amiga.

–Ah.

–Y luego vamos al cine. ¿Quieres venir?

–Es que no puedo salir este fin de semana.

–Jo, ¿por qué?

–Mal rollo[1] con el profe de Mates…

–Lo siento.

–Con el profe de Mates y con mis padres… Dos fines de semana sin salir…

–Pobre. ¿Y qué haces en la calle?

–Voy al súper. Un encargo[2] para mi madre.

–Voy contigo.

–Guay.

«Siempre que hablo con Olga digo "guay"», piensa Manu.

---

1 **mal rollo** lo usan los jóvenes y significa tener problemas 2 **hacer un encargo** hacer algo que necesita otra persona

Pero no. No es tan «guay» porque, al otro lado de la calle, está Marina con unos amigos.

«Este Manu es imbécil –piensa Marina cuando ve a Manu con Olga–. Imbécil y mentiroso[1]. No está en su casa estudiando, no. Está en la calle con una chica… Imbécil, imbécil, imbécil. ¡Imbécil y mentiroso!».

Marina está enfadada, muy enfadada. Y muy triste. Y, además, no sabe qué hacer: «¿Voy a decirle hola? ¿No voy? ¿Qué hago? ¿Qué hago? ¿Qué hago?».

–Marina, ¿qué te pasa? –le pregunta una amiga suya.

–Nada.

–Sí, tía, ¿te pasa algo?

– Es que, es que…

1 **mentiroso/a**: persona que no dice la verdad

Marina empieza a llorar[1].

–Eh, Marina, tranquila, tranquila…

–¿Ves a ese chico de ahí? ¿Ese que va con esa chica tan guapa?

–¿Ese que lleva una sudadera azul?

–Sí.

–Pues me gusta, me gusta mucho…

–¿Y?

–Que es un mentiroso. Un mentiroso horrible.

Marina llora y llora.

–¿Qué hace con esa chica? ¿Eh? ¿Qué hace con esa chica?

–No sé… Puede ser su hermana –dice la amiga de Marina.

–No, no es su hermana…

–O una amiga…

–¿Y qué hace con una amiga en la calle? ¿Quééé hace? Hoy no puede salir conmigo, ¿y sale con una amiga?

De repente, Marina cruza la calle y va a buscar a Manu:

– Manuuuuuu, Manuuuuuu –lo llama.

Manu la ve.

Manu está contento, Manu está nervioso, Manu está rojo como un tomate:

–Hola, Marina.

–¿Qué estás haciendo, Manu? ¿Estudiando en tu casa sin salir?

–Es que…

–Eres un mentiroso, Manu.

–Marina, por favor.

–"Todo el fin de semana estudiando", ¿eh? "No puedo salir", ¿eh? ¿Por qué tienes que mentir[2]? ¿Por qué?

1 **llorar** lo hacemos cuando estamos muy, muy tristes   2 **mentir** no decir la verdad

–Marina, puedo explicártelo.

–No, no puedes, Manu. No puedes. Chao.

Marina se va y Manu se queda muy triste. No sabe qué hacer, no sabe qué decir.

–Jo, tío, está muy enamorada de ti… Mucho. Está colgada –le dice Olga–. Y piensa: «¡Qué mono es Manu!».

–Ya no, Olga. Ya no. Después de esto ya no está enamorada de mí…

Cuando Manu vuelve a casa con los tomates, los kiwis, los espaguetis y los huevos, está fatal[1]: triste y deprimido. Deja las cosas en la cocina y se va a su dormitorio. Se tumba en la cama, pone música y piensa en Marina.

Una hora después Cristina, su hermana, lo llama por teléfono.

–Eh, Manu, ¿cómo estás?

–¿Ya lo sabes?

–Sí, sí. Olga está muy preocupada por ti. Y yo también.

–Ya.

–¿Por qué no llamas a Marina? Puedes explicárselo todo, ¿no? –le dice Cristina.

–Es que está muy, muy enfadada…

–Bueno, pero si hablas con ella…

–No sé, no sé…

–Manu, le puedes explicar que Olga es una amiga mía…

Manu no dice nada.

–Que la conoces hace muchos años, que… –le dice Cristina.

–No sé, Cristina, no sé…

1 **fatal** muy, muy mal

–Llama a Marina, Manu, en serio.

–¿Y si le escribo un mensaje? –le pregunta Manu.

–Nada de mensajes.

–¿Por qué?

–Porque es mejor hablar, Manu. A las chicas nos gusta hablar…

–Bueno, ahora lo pienso…

–¿Pensar? ¿Qué tienes que pensar? Llama y habla con ella.

–Bueno, bueno…

–Luego te llamo.

–Vale. Gracias, hermanita.

–Besitos.

Cuando Cristina termina de hablar con Manu, Olga le pregunta:

–¿Qué tal está?

–Fatal.

–Pobre, Manu, tan mono… ¿Y va a llamar a Marina?

–No sé. Creo que tiene vergüenza. Vergüenza y miedo.

–Pobre, Manu, tan mono…

–¿Solo sabes decir eso? Oye, a ti Manu te gusta cada día más…

–¿A mí Manu? ¡Nooo! Solo estoy preocupada por él.

–Ah, vale.

Esta vez Cristina no cree lo que dice Olga.

Un rato después Manu llama a Marina. Una vez, dos veces, tres veces… Diez veces. Pero nada: Marina no contesta.

Capítulo 7

Una fiesta

Durante la semana Manu llama muchas veces a Marina, le manda mensajes, le manda mensajes en Facebook… Nada, Marina no contesta.

El jueves, cuando salen del partido de fútbol, Carlos habla con Manu:

–Manu, tienes que olvidar[1] a Marina.

–Es que no puedo, tío.

–Tú la llamas y la llamas, le mandas mensajes y más mensajes y ella no te contesta…

Manu no dice nada.

–Significa que no quiere hablar contigo, Manu…

Manu está callado, serio y triste.

–Tienes que olvidarla, Manu, de verdad. Hay muchas chicas en Madrid.

–Ya.

–Y tienes que animarte[2], tío.

–No sé…

–Mira, el sábado mi hermana organiza una fiesta de cumpleaños. ¿Por qué no vienes?

–Vale, eso mola[3].

–Y puedes venir con Cristina y con Olga…

–Vale. Pero cuidado[4] con mi hermanita, tío, que te gusta mucho… –le dice Manu–. Y tú eres muy peligroso[5]…

–Je, je.

Cuando Manu llega a casa, se ducha y, después, se mira en el espejo[6]:

---

1 **olvidar** no pensar más en algo o en alguien 2 **animarse** pasar de triste a contento
3 **mola** me gusta. Muchos jóvenes usan este verbo para decir que algo les gusta o no
4 **cuidado** poner mucha atención 5 **ser peligroso/a** aquí significa que le gustan demasiado las mujeres 6 **espejo** objeto que sirve para mirarse

«Necesito: ropa nueva, zapatillas¹ deportivas nuevas, ir a la peluquería², y, también, un piercing en alguna parte...».

Se mira y se mira.

«¡Todo antes del sábado! ¡Socorro!».

Durante la cena, Manu le pregunta a su madre:

–Mamá, ¿podemos ir a comprar ropa mañana por la tarde?

–¿Mañana? ¿Por qué?

–Es que toda la ropa que tengo está muy vieja...

–Es verdad, pero podemos ir otro día...

–Tiene que ser mañana, mamá.

–¿Por qué? ¿Qué pasa? ¿Tienes una fiesta o algo importante? –le pregunta su madre.

–Sí, seguro que el microbio tiene algo importante... –dice Jaime.

–¿Quieres callarte, Jaime? –le dice Manu a su hermano–. Es el cumpleaños de la hermana de Carlos y organiza una fiesta. Ah, Cristina, estás invitada. Y Olga también.

–Guay –dice Cristina.

–¿Y qué necesitas, Manu? –le pregunta su madre.

–Una camiseta, unos pantalones y unas zapatillas... Y también ir a la pelu...

–¡Caramba! Seguro que es una fiesta muy importante... –dice su madre.

–Ah, y colonia... Colonia buena.

El sábado por la mañana, Manu tiene ropa nueva, unas zapatillas deportivas muy modernas y también un peinado³ nuevo. No tiene una colonia nueva, pero se pone desodorante, mucho desodorante, de su hermano Jaime. Pero su hermano no lo sabe.

---

1 **zapatillas** todo tipo de zapato deportivo o zapato para estar por casa 2 **peluquería** lugar donde arreglan el pelo. Coloquialmente, también se llama "pelu" 3 **peinado** manera de llevar el pelo

–Está guapo, ¿verdad? –dice la madre.

–Muy, muy guapo –dice Cristina–. Seguro que todas las chicas de la fiesta se enamoran de él.

–No, por favor –dice Manu.

Pero, en realidad, Manu quiere ligar[1] y gustar a muchas chicas. Y olvidar a Marina. Por eso va a Google y pone: «¿Cómo ligar?». Necesita ideas.

La fiesta es muy divertida y hay muchísima gente, buena comida, mucha bebida y buena música.

–¿Qué tal estás, Manu? –le pregunta Olga.

–Bien, muy bien –Manu está bien, pero rojo, muy rojo otra vez.

–¿Mejor?

–Sí, mucho mejor.

–Guay. ¿Bailas hip hop?

–No, ni idea… Escribo letras de rap, pero bailar, no… Bailar me da vergüenza.

–Bueno, otro día.

–Sí, otro día.

«¡Otra vez "otro día"! Nooo. ¿Por qué siempre digo eso con las chicas que me gustan? ¿Por quééé», piensa Manu.

Entonces ve que Marina llega con unas amigas a la fiesta.

«¡Marina! ¡Marina aquí!», piensa.

Manu no sabe qué hacer. Y va a buscar a Carlos:

– Socorro, Carlos, socorro.

–¿Qué te pasa, tío?

–Está…, está…

–¿Quién? ¿Quién está?

–Está Marina.

–¿Marina? ¿Marina la hermana de Rafa?

–¡¡¡Sí!!! ¿Qué hago?

1 **ligar** tener una relación amorosa no muy seria

–Nada. No tienes que hacer nada.

–Pero es que…

–Tú tranquilo, Manu. Hay mucha gente.

Hay mucha gente pero Manu solo ve a Marina. Marina hablando con gente, Marina bebiendo, Marina comiendo, Marina riendo[1], Marina bailando…

Marina que está más y más cerca. Marina a su lado.

–Hola, mentiroso –le dice Marina a Manu.

–Marina, yo no soy mentiroso. Olga es una amiga de mi hermana y yo…

–Ya lo sé. Lo sé todo.

–¿Pero cómo? ¿Cómo lo sabes?

–Cristina tiene amigas que son amigas mías…

–Ah.

–Y las chicas hablamos…

–Ah.

Manu no habla mucho. No está en su mejor momento.

–Tranquilo, Manu –le dice Marina.

–¿Tranquilo?

–Sí, tranquilo. Todo está claro.

–Uf. Qué bien.

–¿Quieres bailar?

–¿Bailaaar? –Manu está asustado y rojo como un tomate otra vez.

–Sí.

Marina le toma la mano y lo lleva a bailar una canción bastante lenta, lenta y romántica.

El corazón[2] de Manu va muy rápido. «Tengo que llamar a un médico».

Marina está tranquila y contenta. Y se queda todo el rato con Manu.

1 **reír** es lo contrario de llorar. Lo hacemos cuando estamos muy contentos 2 **corazón** órgano del cuerpo que mueve la sangre y que se relaciona con el amor

Capítulo 8

Solos

La gente de la fiesta come, bebe, baila, ríe... Pero Manu y Marina están solos, juntos, en la terraza, hablando.

–Y, además del fútbol, ¿qué deportes te gustan? –le pregunta Marina.

–Bueno, me gusta mucho ir en bici, nadar...

–A mí nadar también me gusta mucho. En verano vamos a Andalucía, a un pueblo de Cádiz, a casa de mis abuelos, y todos los días nado en una playa[1] muy bonita...

–¿Y siempre vas a Cádiz?

–Sí, normalmente sí. A veces hacemos algún viaje por Europa con mis padres y mis hermanos pero normalmente vamos a Cádiz. ¿Y tú qué haces en verano?

–Siempre vamos unos días a los Pirineos, a un pueblo muy pequeño, porque la familia de mi padre es de ahí. Y otros días vamos a la playa, en Tarragona.

–Es muy bonito Tarragona, ¿verdad?

–Mucho. Allí yo también estoy todo el día en la playa, nadando, jugando a voleibol.

–La playa y el mar son tan bonitos... Me gusta mucho el mar...

–Claro, te llamas Marina...

–Je, je.

–Un día podemos ir juntos a la piscina... –Manu está muy seguro ahora.

–Vale. ¿Sabes una cosa que me gusta mucho?

1 **playa** lugar con arena junto al mar

42

–No. ¿Qué?

–El skate –le explica Marina.

–Qué guay, tía. Normalmente a las chicas no les gusta.

–Pues a mí me gusta mucho.

–A mí también.

–Ah, pues un día podemos hacerlo juntos...

«Buf, esto va bien –piensa Manu– . No entiendo a las mujeres. Pero esto va bien. ¡Tenemos planes[1] juntos!».

Olga sale a la terraza. Manu se pone nervioso. «¡Olga y Marina juntas! ¡Las dos a mi lado! ¡Socorro!». Pero Olga no dice nada y regresa a la sala.

–¿Y qué música te gusta? –le pregunta Marina.

–Hip hop, rock, reggae... pero sobre todo rap. ¿Sabes que escribo raps?

–¿En serio? Me encanta.

–Un día te escribo uno.

Después de esta frase, Manu está muy, muy rojo.

«¿Muy directo? ¿Muy evidente?», piensa.

«Es dulce, tierno, encantador... –piensa Marina–. Me gusta».

Pero solo dice:

–¡Genial!

«¿Qué hago ahora? –piensa Manu– ¿Le doy un beso[2]? ¿Ahora? ¿Después? ¿Hablo de otra cosa?».

Pero Marina siempre sabe qué hacer y le da un beso.

Manu necesita un médico. «Por suerte[3] –piensa Manu– esta vez llevo desodorante, mucho desodorante».

En ese momento Olga sale a la terraza y ve a Marina besando a Manu. También salen Carlos y Cristina, muy juntos.

---

1 **tener un plan** tener la intención de hacer algo 2 **dar un beso** tocar con los labios (normalmente como muestra de amor) 3 **por suerte** afortunadamente

–Vamos a darle los regalos a la hermana de Carlos y a tomar el pastel[1], ¿venís? –les dicen a Manu y a Marina.

Manu piensa que no le interesan ni el pastel ni los regalos.

Marina piensa que está bien estar un rato con gente.

Carlos piensa que quiere quedarse en la terraza con Cristina. Solos.

Cristina piensa que Olga está sola.

Olga piensa que Manu es muy guapo, muy dulce, muy mono y le parece que es alto, mucho más alto.

La hermana de Carlos recibe muchos regalos.

Manu le regala un CD con un rap suyo:

–Toma, este rap es para ti. Y muchas felicidades.

–Muchas gracias, Manu. Esta noche lo escucho.

Y le da un beso.

Llega el pastel con las velas[2]. Todos cantan: «Cumpleaños feliz, cumpleaños feliz…».

El pastel es muy bueno, con mucho chocolate, y beben.

Después de la fiesta, Manu, Marina, Carlos, Cristina y Olga, van al metro. Marina baja unas paradas antes.

–Chao, Manu. Nos vemos.

–Chao, Marina. Sí, nos vemos.

«Otra vez "nos vemos", otra vez "otro día", ¡otra vez sin cita!» –piensa Manu muy preocupado.

En el metro Manu escribe su primer rap para Marina:

Hola, Marina, te escribo para tener una cita
esta vez no quedamos otro día, bonita.
Quiero estar contigo y ser tu

---

1 **pastel** torta dulce que tomamos en los cumpleaños o de postre   2 **velas** luces que ponemos en el pastel de cumpleaños. Ponemos el mismo número de velas que de años

abrigo, disfrutar de algo
más que ser tu amigo.
El ayer es oscuro, pero no
el futuro juntos.

…

Manu llega a casa muy contento.

–¿Qué tal la fiesta, chicos? –les pregunta la madre.

–Guay –dicen Cristina y Manu pero no le explican nada.

Antes de dormir Manu piensa qué hacer: «¿Le mando un mensaje a Marina? ¿La llamo? ¿No le digo nada? ¿Espero unos días?».

Después de mucho pensar, le manda un mensaje:

«¿Nos vemos una tarde de esta semana?»

Enseguida oye el sonido de un mensaje. «¡Bien! Marina me contesta rápido. Está pensando en mí. Bien, bien, bien…».

Pero el mensaje no es de Marina. Es de Olga. El mensaje dice:

«¿Nos vemos una tarde de esta semana?»

«Dios mío, ¿qué hago ahora?», piensa Manu.

Capítulo 9

Amigos

Manu no escucha ni en la clase de Matemáticas, ni en la clase de Inglés, ni en la clase de Biología... Tiene un problema: demasiadas mujeres.

«Años esperando una historia de amor... ¡Años! Y ahora tengo dos chicas... ¡Dos! ¿Qué hago? ¿Qué hago?».

–Seguro que Manu sabe contestar esta pregunta, ¿verdad, Manu? –dice su profesora de Lengua.

–Perdone, ¿puede repetir la pregunta?

–No, Manu, no puedo.

–¿No puede?

–Es la tercera vez que te hago esta pregunta. ¿Sabes la respuesta?

–No, lo siento.

–Bien, Manu. Para mañana vas a leer esto y vas a hacer estos deberes. Especiales para ti, ¿de acuerdo?

Manu no dice nada.

–¿De acuerdo, Manu?

–Sí, sí, seño[1].

Cuando salen, Ibrahim y Carlos le preguntan a Manu:

–¿Pero qué te pasa, tío?

–¡Estás en la luna[2]!

–Tengo problemas, tíos. Problemas muy gordos.

–Te pasas el sábado con Marina en la fiesta y ahora dices que tienes problemas... Jo, Manu, ¿qué más quieres?

–¿No te va bien con Marina? –le pregunta Ibrahim.

1 **seño** en primaria los niños llaman *señorita* o *seño* a las profesoras. En el instituto es mucho menos frecuente   2 **estar en la luna** significa que no estás escuchando, que no estás concentrado

–Sí, sí, bien… Bueno, creo…

– A ver, ¿qué pasa?

–Con Marina el sábado muy bien…

–Guay. ¿Y vas a verla otra vez?

–Supongo.

–¿Y dónde está el problema? –le pregunta Ibrahim.

–¿Te acuerdas de Olga, esa chica tan guapa y tan interesante, amiga de mi hermana Cristina?

–Sí, ¿esa que está colgada de tu hermano Jaime? – pregunta Ibrahim.

–Y que a Manu también le gusta –le dice Carlos a Ibrahim.

–¿También te gusta? –le pregunta Ibrahim a Manu.

–Sí, bueno, no sé…

–Sí, Manu, te gusta... –le dice Carlos.

–Bueno, sí, me gusta, pero Marina también me gusta…

–¿Te gustan dos tías? Bueno, es bastante normal, no? –dice Ibrahim–. A mí me gustan muchas.

–¿Y qué problema tienes?

–Olga no está colgada de mi hermano… ¡Está colgada de mí! Bueno, eso creo porque quiere salir conmigo esta semana…

–Tío, estás loco –le dice Carlos.

–¿Por qué? –pregunta Manu.

–Ahora piensas que todas las tías están colgadas de ti… A ver, ¿por qué piensas que está enamorada? Quizá[1] solo quiere hablar contigo…

–Para hablar de tu hermano, por ejemplo… –dice Ibrahim.

–No, seguro que no… –le dice Manu.

–¿Por qué?

---

1 **quizá** se utiliza para expresar que algo es posible o probable

–Porque Olga viene muchos días a casa a estudiar con mi hermana…

–¿Y?

–Pues que puede hablar con mi hermana o con nosotros en casa…

–No sé… –dice Ibrahim.

–Quiere salir conmigo, tíos. Estoy seguro.

–Bueno, ¿y tu problema? –le pregunta Carlos.

–¿Mi problema? ¡¡¡Me gustan dos chicas, las dos quieren salir conmigo y yo no sé qué hacer!!!

–Muchos chicos queremos eso, Manu –le dice Ibrahim–. ¡Dos chicas! ¡Es perfecto!

–Jo, Ibrahim, ¿a ti no te gustan solo las Mates? –le dice Carlos.

–Tío, ¿piensas que soy imbécil? –contesta Ibrahim.

–A ver, Manu, ¿a ti quién te gusta más: Olga o Marina? –le pregunta Carlos.

–No lo sé… Ese es el primer problema.

–¿Y el segundo?

–No quiero salir con dos chicas a la vez[1]. Primero una y después la otra…

–¿Un problema moral? –le pregunta Ibrahim.

–No sé. No me gusta salir con dos chicas a la vez.

–¿Y usar una margarita[2]?: ¿Me quiere, no me quiere? Je, je –le dice Ibrahim riendo.

–Qué lío[3], tío. ¿Nos tomamos algo?

Manu quiere saber qué piensan las chicas, pero no puede hablar con Cristina porque es muy amiga de Olga y tampoco puede hablar con otras amigas porque son amigas de Olga o de Marina. Al final llama a Ángela para hablar con ella y le explica toda la historia:

---

1 **a la vez** al mismo tiempo   2 **margarita** flor blanca y amarilla que se usa para saber si alguien te quiere   3 **lío** cuando algo es complicado

–No, Manu, con las dos a la vez, no. A las mujeres no nos gusta nada eso. Tienes que decidirte.

–Ya, ya, pero no sé cómo decidirme. No sé.

El martes por la tarde Manu está estudiando inglés unos minutos antes de la clase con Rafa:

«No sé nada, no sé nada… Todo el día pensando en chicas y no sé nada de inglés… ¿Qué va a pensar Rafa de mí?».

Alguien llama a la puerta de su dormitorio.

–Pasa, Rafa –le dice Manu.

–*Hi. How are you today?*

«Socorro. Necesito un médico, necesito un mééédico».

No es Rafa. Es Marina.

–Ma… Ma… Marina, ¿qué haces aquí?

–Rafa no puede venir. Está enfermo…

Manu está enfermo también. Nervioso, rojo y enfermo…

–¿Y tú…? ¿Tú vas a darme la clase de inglés? –le pregunta a Marina.

–Si quieres…

–No… Sí… Sí, pero… No… Claro…

Manu no puede hablar.

«Jo, qué nervios. Marina y yo aquí, en mi dormitorio. Solos. Sin el imbécil de Jaime… Es perfecto, perfecto… Pero no, Marina está aquí para enseñarme inglés, mucho inglés y yo no sé mucho inglés… Qué vergüenza, qué vergüenza...».

–¿O prefieres hablar de otras cosas? –le pregunta Marina.

–Nooo, nooo, inglés, inglés –dice Manu. Y se siente imbécil. «Imbécil y sin colonia».

Capítulo 10

Líos

Cuando termina la clase de inglés, Manu está muy, muy cansado. «Demasiada tensión[1]», piensa.

–Bueno, Manu, ¿qué tal la clase? –le pregunta Marina.

–Bien, muy bien –dice Manu.

«Mentiroso», piensa Marina, pero dice:

–*Do you need anything else?*

–No, no. Todo está muy bien.

–*Are you sure*, Manu?

Y Marina le da un beso. Y otro y otro y otro. Y Manu se relaja.

En ese momento se abre la puerta del dormitorio de Manu.

–Manu, ¿me dejas el diccionario de inglés? –le pregunta Cristina–. Ah, hola, Marina, ¿qué haces aquí?

–Clase de inglés a Manu. Es que Rafa está enfermo. Ya me voy.

–Una cosa, ¿cómo se dice tener un lío[2] con alguien en inglés? –le pregunta Cristina a Marina –. Je, je.

Manu acompaña a Marina al metro y vuelve a casa muy contento: «Marina. Es Marina. Solo Marina. Y ya está. Me olvido de Olga y me quedo con Marina. Decidido».

–Manuuu, Manuuu, espera.

Manu ve a Olga, que se acerca[3] corriendo por la calle.

–Hola, Olga, ¿qué haces aquí?

–Voy a dormir a tu casa.

Manu está enfermo, enfermo, nervioso y rojo.

1 **tensión** la sentimos cuando estamos nerviosos por algo   2 **tener un lío** tener una relación amorosa con alguien. Es como tener un ligue   3 **acercarse** situarse a poca distancia de una persona

–Ah, ¿sí? ¿Otra vez?

–Sí, es que tengo que estudiar con Cristina.

Suben al ascensor de casa de Manu y allí, en el ascensor, Olga le da un beso. Un largo beso de película.

«¿Pero qué me está pasando? ¿Qué me está pasando?», piensa Manu.

Cuando entran en el piso, Manu va directamente a su dormitorio como un zombi. Y se mira en el espejo.

«No entiendo nada…. ¡nada! Llevo la camiseta más fea que tengo, los pantalones más viejos, no llevo colonia y las dos chicas que me gustan me besan el mismo día… ¡Las dos!».

Y otra noche Manu no puede dormir, con Olga en la habitación de al lado, con los nervios de la tarde, con el recuerdo de los besos y con la duda[1], la gran duda: ¿Olga o Marina?

El miércoles, después de clase, Manu les explica a Ibrahim y a Carlos su experiencia con Marina y Olga.

–Yo, Manu, de verdad, no entiendo tus problemas – le dice Ibrahim–. ¿Por qué no me pasa eso a mí? ¿Por quééé?

–Bueno, esto sí que es un lío… –dice Carlos– porque si sale con Olga y va mal, luego su hermana Cristina y Olga pueden tener problemas…

–Exacto.

–Pero si sale con Marina –dice Ibrahim– no hay ningún problema, ¿no?

–Tú, Manu, ¿cuándo estás con Marina piensas en Olga?

–No, pero tampoco pienso en Marina cuando estoy con Olga…

---

1 **duda** cuando no sabemos qué opción tomar

–Tío, qué lío… Tienes demasiado éxito con las mujeres… Je, je –le dice Carlos.

–¿Vosotros me veis más alto? ¿Verdad que no? ¿Verdad que todavía soy muy bajo?

–Hay muchos hombres bajos con mucho éxito…

–Las mujeres son muy raras.

–Sí, muy raras…

El sábado Manu y sus amigos van a un concierto del DJ Mixtic. La música es muy buena y hay mucha gente.

–¿Tú nunca bailas, Manu? –le pregunta Marina y le da un beso.

–¡Marina!, ¿qué haces aquí?

Marina no contesta. Solo le da un beso, un beso de película. Y se va a bailar con sus amigos.

En el concierto hay mucha gente conocida: amigos del instituto, amigos de Marina, amigos de Rafa… También están Jaime, Andrés y Ángela.

–¿Qué, microbio? ¿Lo estás pasando bien? –le pregunta Jaime.

–Grrr. ¡No me llamo microbio!

–Vale, vale…

Ángela está con Cristina y con otros amigos. Baila un rato y, después, va a hablar con Manu.

–¿Qué tal estás? ¿Ya sabes qué vas a hacer con tus chicas?

–No, todavía no. Me gustan las dos pero no quiero estar con las dos a la vez.

–¡Bien, Manu! ¡Eres un tío fantástico! Con las dos a la vez, no. Eso es de locos.

Marina ve que Manu está hablando con una chica desconocida[1] y se pone a su lado:

–¿Quién es ésta, Manu? ¿Una amiga? –pregunta un poco enfadada.

1 **desconocido/a** persona que no conoces

A Manu no le gusta eso.

–Ángela es como una hermana... –le dice Manu, muy serio–. Ángela, ésta es Marina, una amiga.

–Hola, Marina.

Pero Marina no contesta y besa a Manu. Le da un largo beso de película.

En ese momento, se oye:

–Manu, ¿qué haces aquí?

Olga está al lado de Manu.

–¿Y qué haces besando a esa chica? –Olga está muy enfadada.

A Manu eso no le gusta.

Olga se acerca a Manu y empieza a besarlo.

–Eres tan mono, Manu, taaan mono...

Entonces Marina empuja[1] a Olga y besa a Manu otra vez.

–Siempre con esa chica Manu, siempre con ella... El otro día, también. Tú no estás con ella, ¿verdad? Tú y yo estamos juntos, ¿verdad?

Manu no dice nada. Y entonces Olga empuja a Marina y grita:

–No, ¡Manu y tú no estáis juntos, no! Yo estoy con Manu, ¿sabes? ¡Yo!

Cristina, Jaime, Andrés, Ángela, Rafa, Carlos, Ibrahim y otros amigos del instituto están mirándolo todo.

–¿Olga y Marina se están peleando por el microbio? –pregunta Jaime.

–Sí –dice Andrés.

–¡Increíble[2]! ¿A las dos les gusta el microbio? ¿En serio? ¿A las dos?

–Jaime –le dice Ángela–, tú no entiendes que Manu es tímido, dulce, encantador[3] y guapo.

1 **empujar** hacer fuerza contra alguien o algo para cambiarlo de lugar   2 **increíble** difícil de creer   3 **encantador/a** persona muy simpática y muy agradable

–¿A ti también te gusta? ¿A tiii también te gusta?

–Para mí es como un hermano. Pero es muy mono.

–¿Pero no es muy bajo?

–Muy bajo, no. Es bajo, pero no importa.

–No entiendo nada –dice Jaime.

Manu tampoco entiende nada. Allí están Olga y Marina, empujándose, gritando, peleándose[1] por él. «Peleándose por mí. ¡Por mí!».

Olga y Marina están gritando[2] y, al final, Cristina las empuja a las dos:

–¡Bueno, basta, chicas! Esto es una tontería. Vamos las tres a tomar algo y hablamos un poco. Y tú, Manu, te quedas aquí.

Manu no dice nada. Está en silencio, pensando. Piensa en los nervios de estos días, en las dudas, en los líos.

«No, no quiero vivir así. Yo estoy más tranquilo con mis amigos, jugando al fútbol, haciendo raps, hablando DE chicas… pero ¡no CON chicas! Si esto es el amor, es demasiado lío para mí».

–Tíos –les dice a Carlos y a Ibrahim – ya sé qué prefiero.

–A Marina –dice Carlos.

–A Olga –dice Ibrahim.

–No, tíos. Prefiero estar solo. No estoy preparado para estos líos.

–Pero Manu…

–Nada. Quiero estar sin tías. Con vosotros. Quiero estar tranquilo. Las chicas son de otro planeta…

Y en ese momento llega una amiga de Ángela y dice:

–Tú eres Manu, ¿verdad? ¿Bailas?

---

1 **pelearse** tener una discusión muy fuerte   2 **gritar** hablar muy, muy alto

MP3, ACTIVIDADES Y SOLUCIONES
descargables

difusion.com/cosasdelamor.zip

¿Quieres leer más?